Impressum
Verlag: BABADADA GmbH, Nedderfeld 112 , 22529 Hamburg
Geschäftsführer / Verlagsleitung: Harald Hof
Druck: Books on Demand GmbH, In de Tarpen 42, 22848 Norderstedt

Imprint
Publisher: BABADADA GmbH, Nedderfeld 112 , 22529 Hamburg, Germany
Managing Director / Publishing direction: Harald Hof
Print: Books on Demand GmbH, In de Tarpen 42, 22848 Norderstedt

school

mokykla

klaslokaal
klasė

delen
dalinti

186/2

bord
lenta

speelplaats
mokyklos kiemas

leerkracht
mokytojas

papier
popierius

schrijven
rašyti

pen
rašiklis

bureau
rašomasis stalas

liniaal
liniuotė

boek
knyga

leerling
mokinys

schooltas

kuprinė

pennenzak

penalas

potlood

pieštukas

puntenslijper

drožtukas

gom

trintukas

tekenblok

piešimo bloknotas

tekening

piešinys

verfborstel

teptukas

verfdoos

dažų dėžutė

schaar

žirklės

lijm

klijai

werkboek

vadovėlis

huiswerk

namų darbai

nummer

numeris

optellen

pridėti

aftrekken

atimti

vermenigvuldigen

dauginti

rekenen

skaičiuoti

letter

raidė

alfabet

abėcėlė

woord

žodis

school - mokykla

tekst

tekstas

Lezen

skaityti

krijt

kreida

les

pamoka

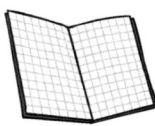

klassenboek

dienynas

examen

egzaminas

certificaat

pažymėjimas

schooluniform

mokyklinė uniforma

onderwijs

išsilavinimas

encyclopedie

enciklopedija

universiteit

universitetas

microscoop

mikroskopas

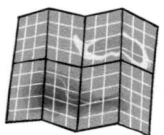

kaart

žemėlapis

papiermand

šiukšliadėžė

reis
kelionė

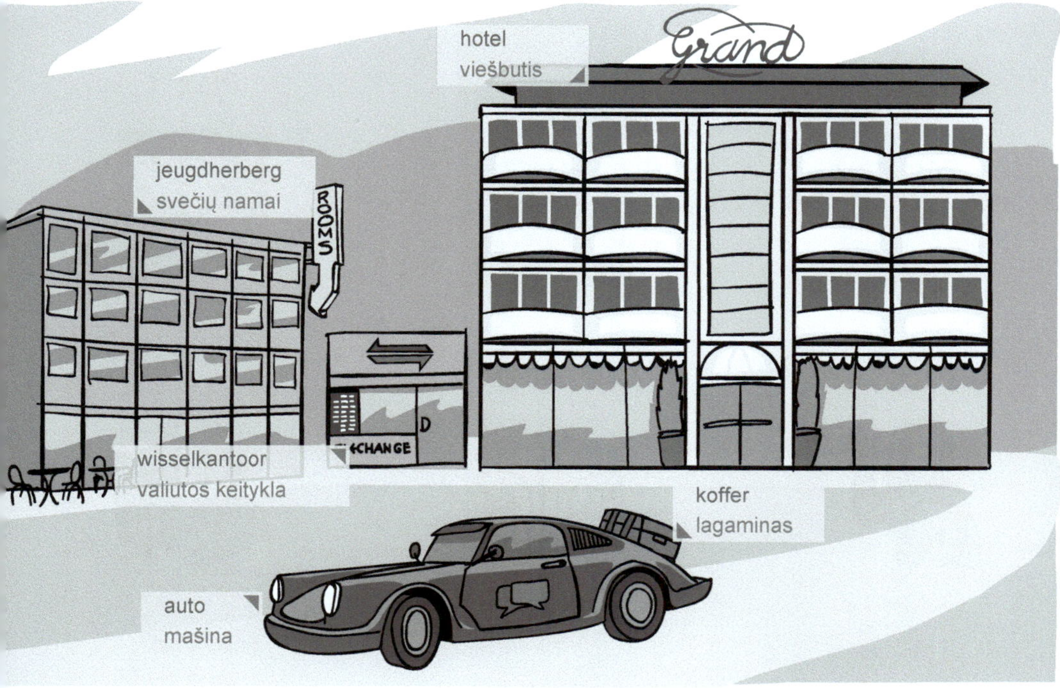

hotel
viešbutis
Grand
jeugdherberg
svečių namai
ROOMS
EXCHANGE
wisselkantoor
valiutos keitykla
koffer
lagaminas
auto
mašina

Taal

kalba

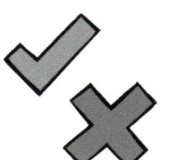

ja / nee

taip / ne

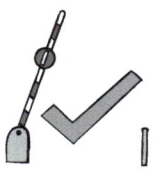

oké

Gerai

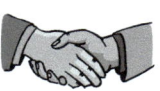

hallo

sveiki

vertaler

vertėjas raštu

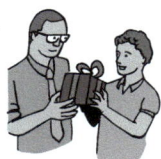

bedankt

Ačiū

Hoeveel kost …?

kiek kainuoja…?

Ik begrijp het niet

aš nesuprantu

probleem

problema

Goedenavond!

Labas vakaras!

Goedemorgen!

Labas rytas!

Goedenavond!

Labos nakties!

Tot ziens

viso gero

richting

kryptis

bagage

bagažas

zak

krepšys

rugzak

kuprinė

gast

svečias

kamer

kambarys

slaapzak

miegmaišis

tent

palapinė

toeristeninformatie

turizmo informacija

strand

paplūdimys

kredietkaart

kreditinė kortelė

ontbijt

pusryčiai

lunch

pietūs

avondeten

vakarienė

ticket

bilietas

lift

liftas

postzegel

pašto ženklas

grens

siena

douane

muitinė

ambassade

ambasada

visum

viza

paspoort

pasas

transport

transportas

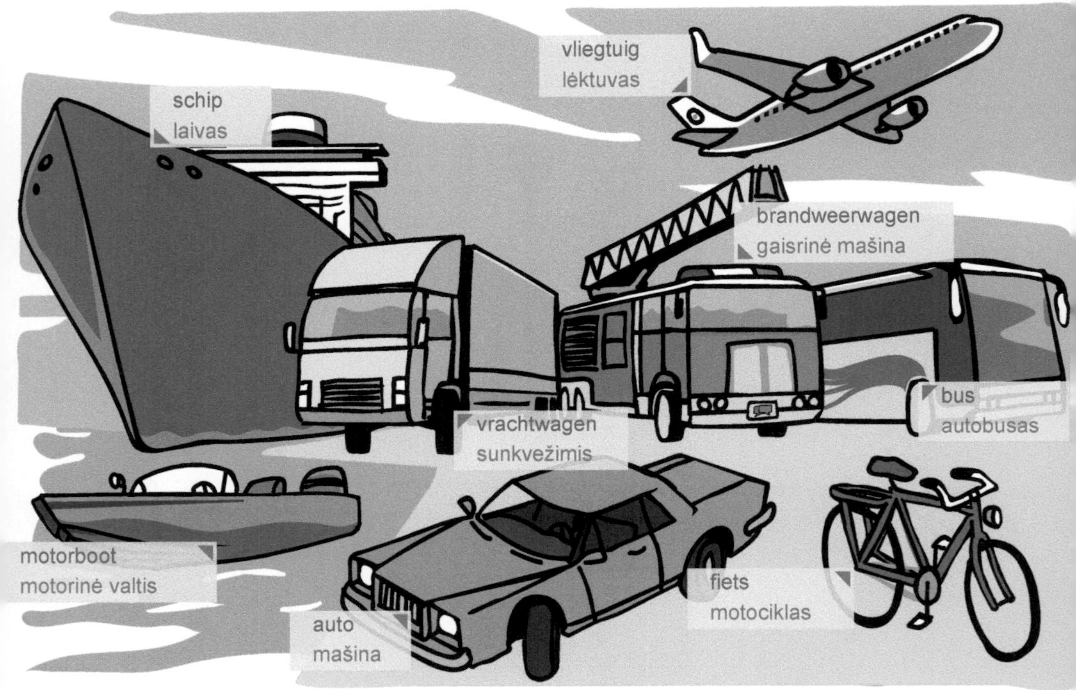

vliegtuig
lėktuvas
schip
laivas
brandweerwagen
gaisrinė mašina
bus
autobusas
vrachtwagen
sunkvežimis
motorboot
motorinė valtis
fiets
motociklas
auto
mašina

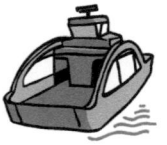

veerboot

keltas

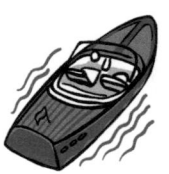

boot

valtis

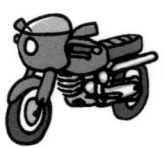

motor

mopedas

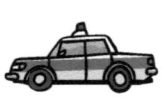

politiewagen

policijos automobilis

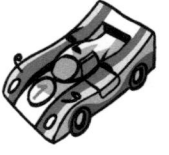

racewagen

lenktyninis automobilis

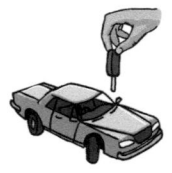

huurauto

nuomojamas automobilis

carpoolen

bendras automobilio
naudojimas

sleepwagen

techninės pagalbos
automobilis

vuilniswagen

šiukšliavežė

motor

variklis

benzine

degalai

benzinestation

degalinė

verkeersbord

kelio ženklas

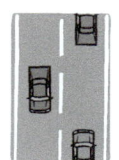

verkeer

eismas

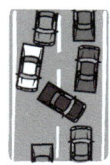

file

eismo spūstis

parkeerplaats

mašinų stovėjimo aikštelė

station

traukinių stotis

sporen

bėgiai

trein

traukinys

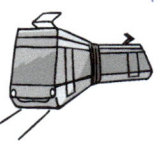

tram

tramvajus

wagon

vagonas

helikopter

sraigtasparnis

luchthaven

oro uostas

toren

bokštas

passagier

keleivis

container

konteineris

karton

dėžė

kar

vežimėlis

mand

krepšys

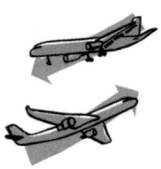

opstijgen / landen

pakilti / nusileisti

stad

miestas

dorp

kaimas

stadscentrum

miesto centras

huis

namas

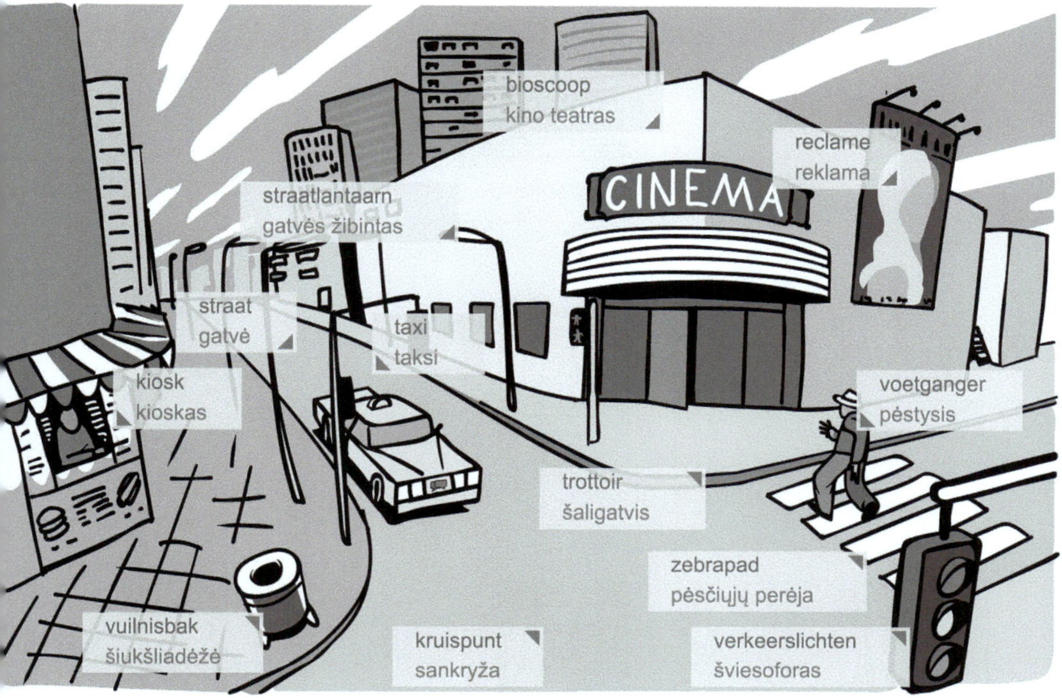

bioscoop
kino teatras

reclame
reklama

straatlantaarn
gatvės žibintas

CINEMA

straat
gatvė

taxi
taksi

voetganger
pėstysis

kiosk
kioskas

trottoir
šaligatvis

zebrapad
pėsčiųjų perėja

vuilnisbak
šiukšliadėžė

kruispunt
sankryža

verkeerslichten
šviesoforas

hut

trobelė

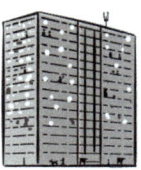

woning

butas

station

traukinių stotis

stadshuis

rotušė

museum

muziejus

school

mokykla

universiteit

universitetas

bank

bankas

ziekenhuis

ligoninė

hotel

viešbutis

apotheek

vaistinė

kantoor

biuras

boekwinkel

knygynas

winkel

parduotuvė

bloemenwinkel

gėlių parduotuvė

supermarkt

prekybos centras

markt

turgus

warenhuis

universalinė parduotuvė

vishandelaar

žuvies parduotuvė

winkelcentrum

prekybos centras

haven

uostas

park
parkas

bank
suoliukas

brug
tiltas

trap
laiptai

metro
metro

tunnel
tunelis

bushalte
autobusų stotelė

bar
baras

restaurant
restoranas

brievenbus
lauko pašto dėžutė

straatnaambord
kelio ženklas

parkeermeter
parkomatas

zoo
zoologijos sodas

zwembad
baseinas

moskee
mečetė

boerderij
....
ūkininko ūkis

milieuverontreiniging
....
tarša

kerkhof
....
kapinės

kerk
....
bažnyčia

speelplaats
....
žaidimų aikštelė

tempel
....
šventykla

landschap
kraštovaizdis

blad
lapas

wegwijzer
kelio rodyklė

weg
kelias

weide
pieva

steen
akmuo

boom
medis

wandelaar
ėjikas

rivier
upė

gras
žolė

bloem
gėlė

vallei
slėnis

heuvel
kalva

meer
ežeras

bos
miškas

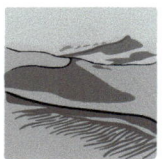

woestijn
dykuma

vulkaan
ugnikalnis

kasteel
pilis

regenboog
vaivorykštė

paddenstoel
grybas

palmboom
palmė

mug
uodas

vlieg
musė

mier
skruzdėlė

bijl
bitė

spin
voras

kever

vabalas

kikker

varlė

eekhoorn

voverė

egel

ežys

haas

kiškis

uil

pelėda

vogel

paukštis

zwaan

gulbė

wild zwijn

šernas

hert

elnias

eland

briedis

dam

užtvanka

windturbine

vėjo jėgainė

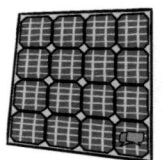

zonnepaneel

saulės baterija

klimaat

klimatas

ober
padavėjas

menu
meniu

stoel
kėdė

soep
sriuba

pizza
pica

bestek
stalo įrankiai

tafelkleed
staltiesė

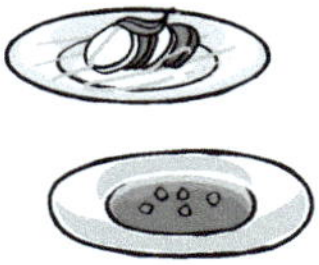

voorgerecht

užkandis

hoofdgerecht

pagrindinis patiekalas

nagerecht

desertas

drankjes

gėrimai

eten

maistas

fles

butelis

fastfood

greitai pateikiamas maistas

street food

gatvės maistas

theepot

arbatinukas

suikerpot

cukrinė

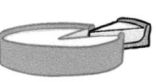

portie

porcija

espressomachine

espreso aparatas

kinderstoel

aukšta kėdė

rekening

sąskaita

dienblad

padėklas

mes

peilis

vork

šakutė

lepel

šaukštas

theelepel

arbatinis šaukštelis

serviette

servetėlė

glas

stiklinė

bord
lėkštė

soepbord
sriubos lėkštė

schoteltje
padėklas

saus
padažas

zoutvatje
druskinė

pepermolen
pipirų malūnėlis

azijn
actas

olie
aliejus

kruiden
prieskoniai

ketchup
kečupas

mosterd
garstyčios

mayonaise
majonezas

supermarkt
prekybos centras

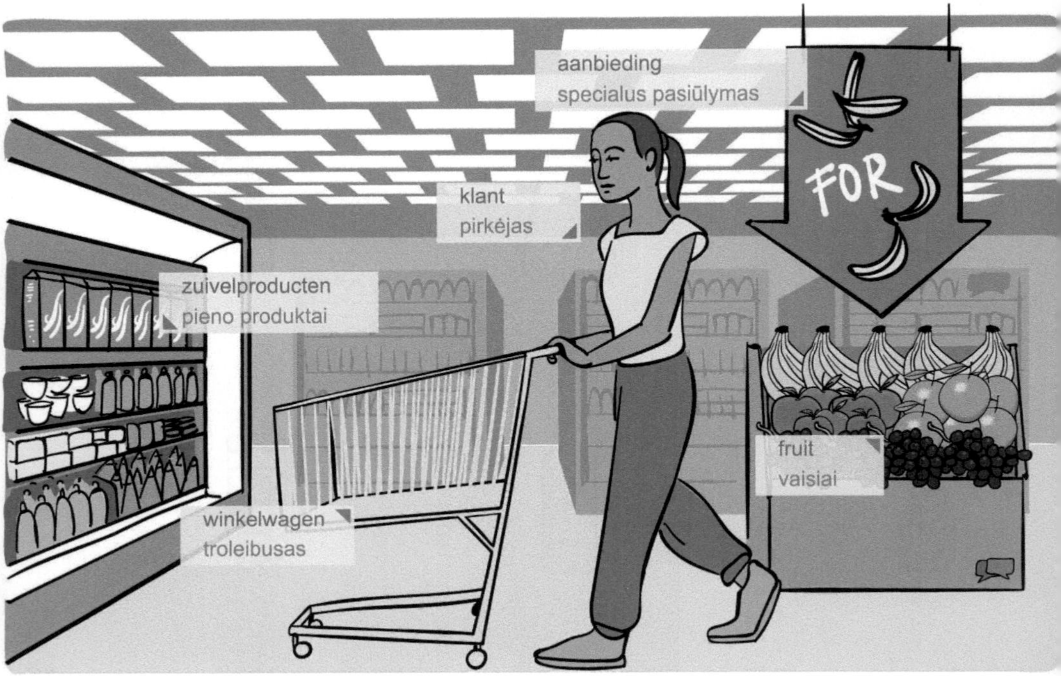

aanbieding
specialus pasiūlymas
FOR
klant
pirkėjas
zuivelproducten
pieno produktai
fruit
vaisiai
winkelwagen
troleibusas

BUTCHERS

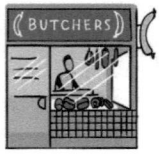

slagerij

mėsos parduotuvė

BAKERY

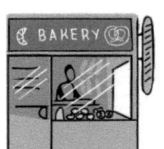

bakkerij

kepykla

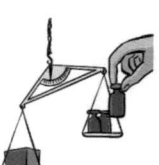

wegen

sverti

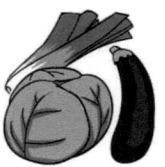

groenten

daržovės

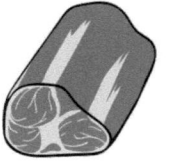

vlees

mėsa

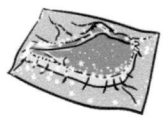

diepvriesvoedsel

šaldytas maistas

charcuterie

šalti mėsos užkandžiai

conserven

konservai

waspoeder

skalbimo milteliai

snoep

saldumynai

huishoudproducten

ūkinės prekės

schoonmaakproducten

valymo priemonės

verkoopster

pardavėja

kassa

kasos aparatas

kassier

kasininkas

boodschappenlijstje

pirkinių sąrašas

openingstijden

darbo valandos

portefeuille

piniginė

kredietkaart

kreditinė kortelė

tas

maišelis

plastieken zakje

plastikinis maišelis

supermarkt - prekybos centras

21

water

vanduo

sap

sultys

melk

pienas

cola

kola

wijn

vynas

bier

alus

alcohol

alkoholis

cacao

kakava

thee

arbata

koffie

kava

espresso

espresas

cappuccino

kapučinas

banaan

bananas

appel

obuolys

sinaasappel

apelsinas

meloen

arbūzas

citroen

citrina

wortel

morka

knoflook

česnakas

bamboe

bambukas

ajuin

svogūnas

champignon

grybas

noten

riešutai

noodles

makaronai

spaghetti

spagečiai

rijst

ryžiai

salade

salotos

frieten

traškučiai

gebakken aardappelen

keptos bulvės

pizza

pica

hamburger

mėsainis

sandwich

sumuštinis

kalfslapje

pjausnys

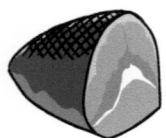

ham

kumpis

salami

saliamis

worst

dešrelė

kip

vištiena

braden

kepsnys

vis

žuvis

havervlokken

avižų dribsniai

muesli

dribsniai su priedais

cornflakes

kukurūzų dribsniai

bloem

miltai

croissant

prancūziškasis ragelis

pistolet

bandelė

brood

duona

toast

skrebutis

koekjes

sausainiai

boter

sviestas

kwark

varškė

taart

tortas

ei

kiaušinis

spiegelei

kiaušinienė

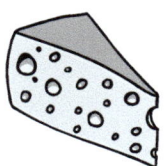

kaas

sūris

ijs
ledai

suiker
cukrus

honing
medus

confituur
uogienė

choco
tepamas šokoladas

curry
karis

boerderij
ūkininko ūkis

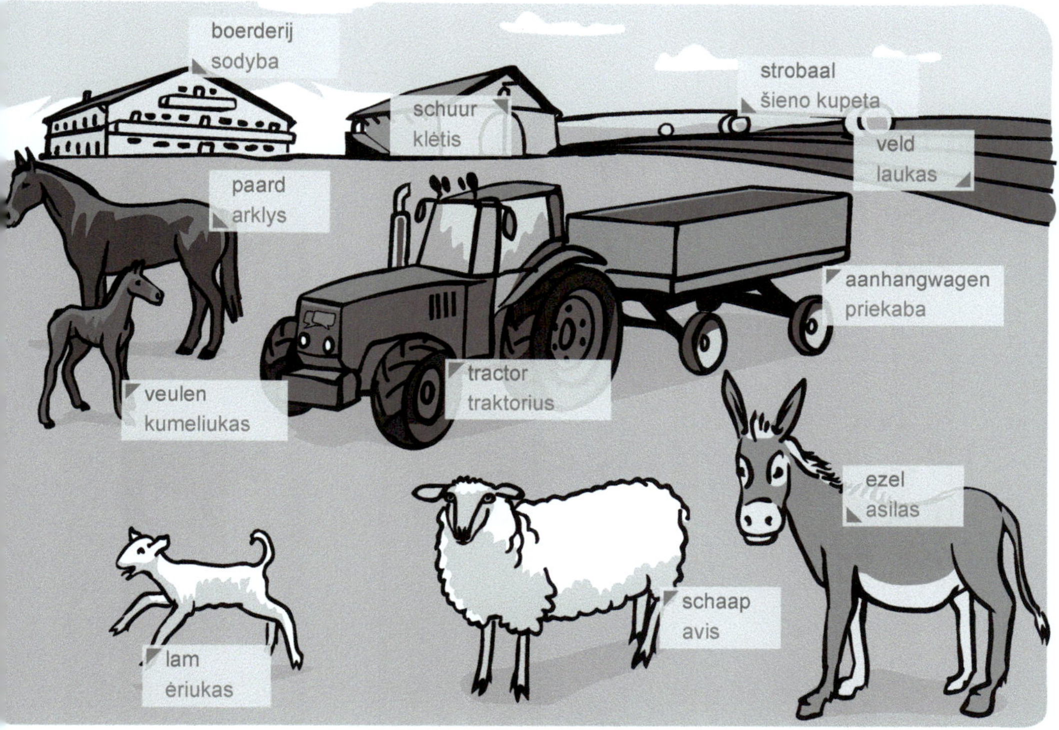

boerderij
sodyba
schuur
klėtis
strobaal
šieno kupeta
veld
laukas
paard
arklys
aanhangwagen
priekaba
tractor
traktorius
veulen
kumeliukas
ezel
asilas
schaap
avis
lam
ėriukas

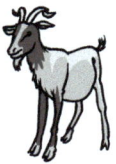

geit

ožys

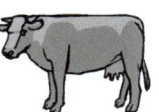

koe

karvė

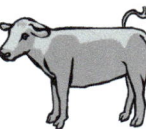

kalf

veršis

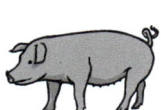

varken

kiaulė

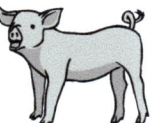

biggetje

paršelis

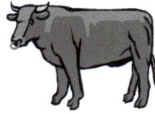

stier

bulius

gans

žąsis

eend

antis

kuiken

viščiukas

kip

višta

haan

gaidys

rat

žiurkė

kat

katė

muis

pelė

os

jautis

hond

šuo

hondenhok

šuns būda

tuinslang

sodo namas

gieter

laistytuvas

zeis

dalgis

ploeg

plūgas

sikkel

pjautuvas

schoffel

kauptukas

hooivork

šakės

bijl

kirvis

kruiwagen

statinė

trog

lovys

melkkan

bidonas

zak

maišas

hek

tvora

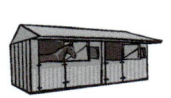

stal

arklidė

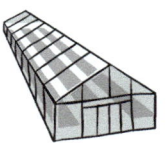

broeikas

šiltnamis

bodem

dirva

zaad

sėkla

mest

trąšos

maaidorser

kombainas

oogsten

rinkti

oogst

derlius

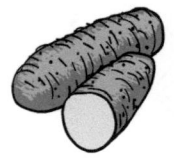

yam

saldžiosios bulvės

tarwe

kviečiai

soja

soja

aardappel

bulvė

maïs

kukurūzai

koolzaad

rapsai

fruitboom

vaismedis

maniok

manijokas

graan

grūdai

huis

namas

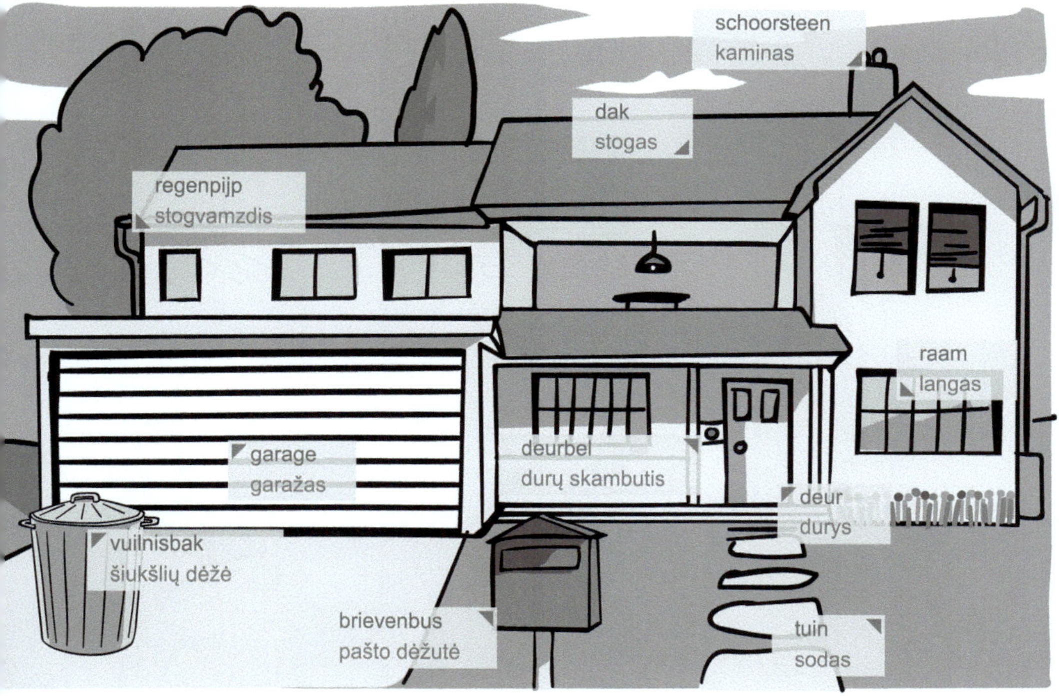

schoorsteen
kaminas
dak
stogas
regenpijp
stogvamzdis
raam
langas
garage
garažas
deurbel
durų skambutis
deur
durys
vuilnisbak
šiukšlių dėžė
brievenbus
pašto dėžutė
tuin
sodas

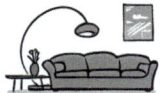

woonkamer

svetainė

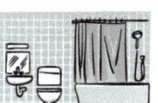

badkamer

vonios kambarys

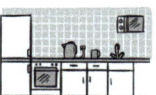

keuken

virtuvė

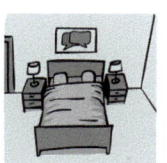

slaapkamer

miegamasis

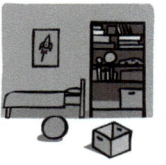

kinderkamer

vaiko kambarys

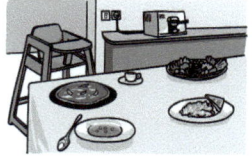

eetkamer

valgomasis

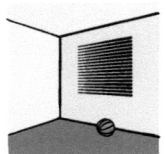

vloer
grindys

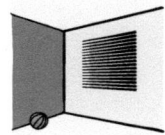

muur
siena

plafond
lubos

kelder
rūsys

sauna
sauna

balkon
balkonas

terras
terasa

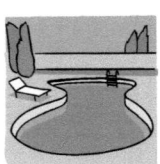

zwembad
baseinas

grasmaaier
žoliapjovė

dekbedovertrek
paklodė

dekbed
lovatiesė

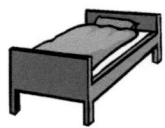

bed
lova

bezem
šluota

emmer
kibiras

schakelaar
jungiklis

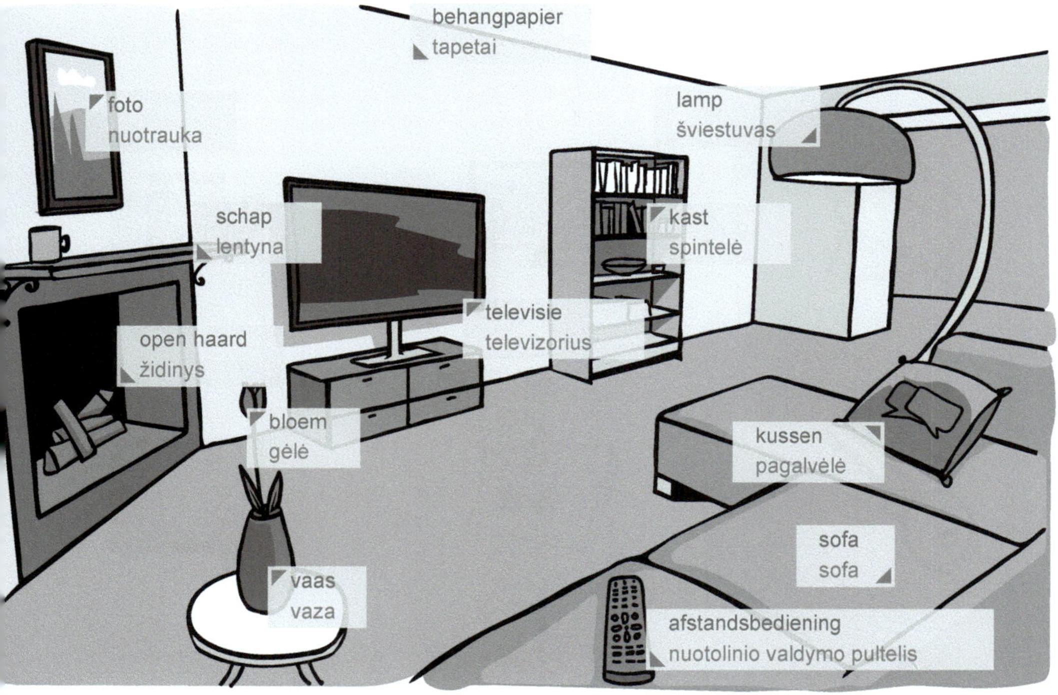

behangpapier
tapetai

foto
nuotrauka

lamp
šviestuvas

schap
lentyna

kast
spintelė

open haard
židinys

televisie
televizorius

bloem
gėlė

kussen
pagalvėlė

sofa
sofa

vaas
vaza

afstandsbediening
nuotolinio valdymo pultelis

mat
kilimas

gordijn
užuolaida

tafel
stalas

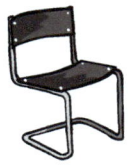

stoel
kėdė

schommelstoel
supamasis krėslas

fauteuil
fotelis

boek

knyga

deken

antklodė

decoratie

papuošimai

brandhout

malkos

film

filmas

stereo-installatie

stereo aparatūra

sleutel

raktas

krant

laikraštis

schilderij

paveikslas

poster

plakatas

radio

radijas

notitieboekje

užrašų knygelė

stofzuiger

dulkių siurblys

cactus

kaktusas

kaars

žvakė

keuken
virtuvė

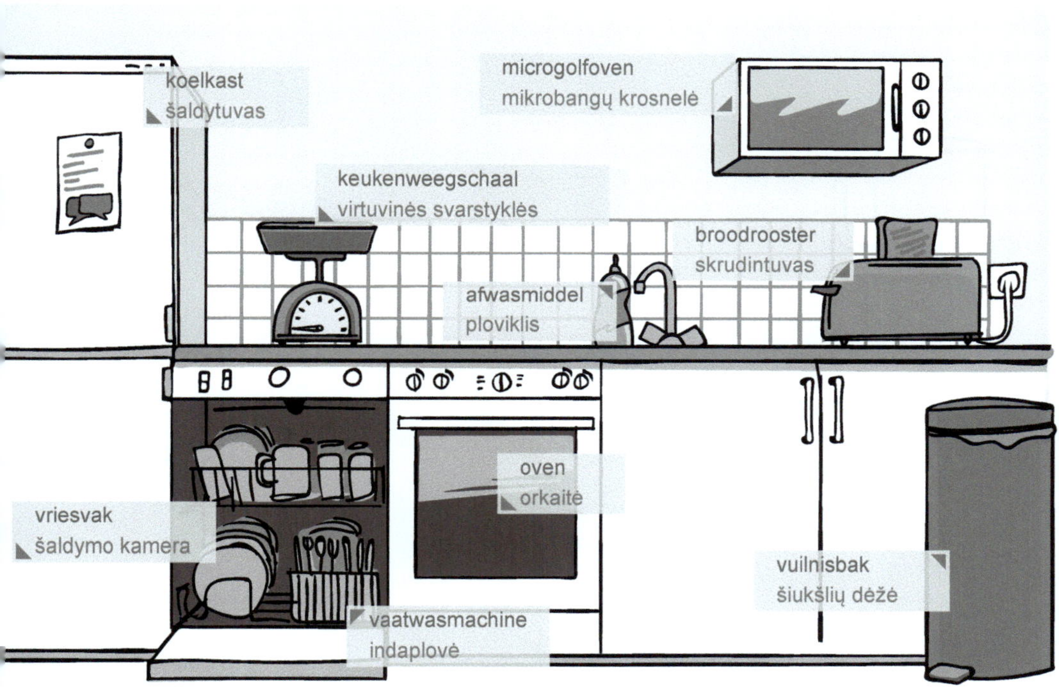

koelkast
šaldytuvas
microgolfoven
mikrobangų krosnelė
keukenweegschaal
virtuvinės svarstyklės
broodrooster
skrudintuvas
afwasmiddel
ploviklis
oven
orkaitė
vriesvak
šaldymo kamera
vuilnisbak
šiukšlių dėžė
vaatwasmachine
indaplovė

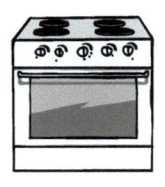

fornuis

viryklė

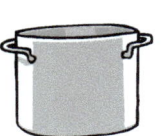

pot

puodas

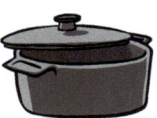

gietijzeren pot

ketaus puodas

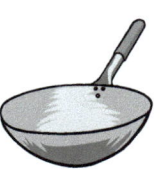

wok / kadai

„wok“ keptuvė

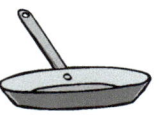

pan

keptuvė

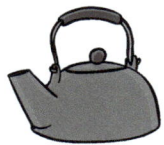

waterkoker

virdulys

stoomkoker
garų puodas

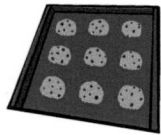

bakplaat
kepimo skarda

servies
porceliano indai

mok
puodelis

kom
dubuo

eetstokjes
valgomosios lazdelės

pollepel
samtis

spatel
mentelė

garde
plaktuvas

vergiet
koštuvas

zeef
sietas

rasp
trintuvė

mortier
grūstuvė

barbecue
kepsninė

haardvuur
atvira liepsna

snijplank

pjaustymo lentelė

deegrol

kočėlas

kurkentrekker

kamščiatraukis

blik

skardinė

blikopener

skardinių atidarytuvas

pannenlap

puodkėlė

gootsteen

kriauklė

borstel

šepetys

spons

kempinė

blender

trintuvas

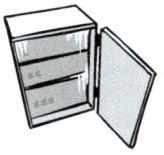

vriezer

šaldiklis

papfles

kūdikių buteliukas

kraan

čiaupas

badkamer

vonios kambarys

verwarming
šildymas
handdoek
rankšluostis
douche
dušas
douchegordijn
dušo užuolaidos
bubbelbad
vonios putos
badkuip
vonia
glas
stiklinė
wasmachine
skalbimo mašina
kraan
čiaupas
tegels
plytelės
kinderpo
naktinis puodukas
gootsteen
kriauklė

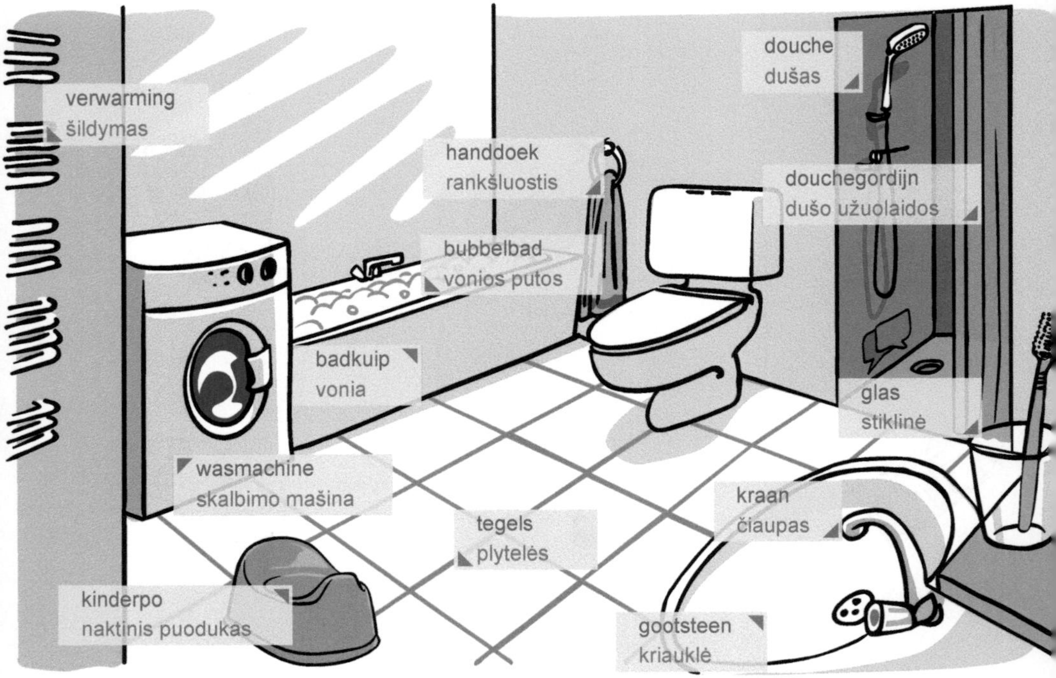

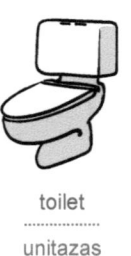

toilet

unitazas

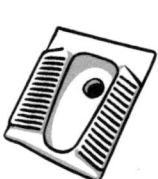

hurktoilet

tupimasis unitazas

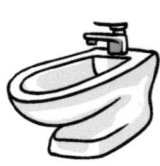

bidet

bidė

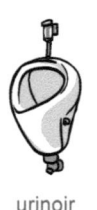

urinoir

pisuaras

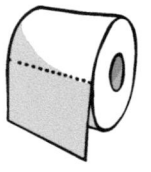

toiletpapier

tualetinis popierius

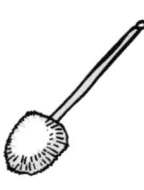

toiletborstel

unitazo šepetys

tandenborstel

dantų šepetėlis

tandpasta

dantų pasta

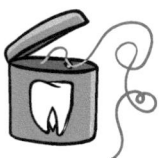

flosdraad

dantų siūlas

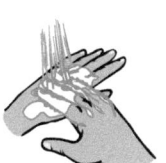

wassen

plauti

handdouche

dušo galvutė

bidethanddouche

higieninis dušas

waskom

praustuvas

rugborstel

nugaros plaušinė

zeep

muilas

douchegel

dušo želė

shampoo

šampūnas

washandje

plaušinė

afvoer

kanalizacija

crème

kremas

deodorant

dezodorantas

spiegel

veidrodis

handspiegel

veidrodėlis

scheermes

skustuvas

scheerschuim

skutimosi putos

aftershave

losjonas po skutimosi

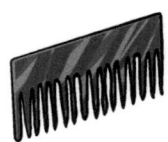

kam

šukos

borstel

šepetys

haardroger

plaukų džiovintuvas

haarlak

plaukų lakas

make-up

makiažas

lippenstift

lūpdažis

nagellak

nagų lakas

watten

vata

nagelknipper

žirklutės nagams

parfum

kvepalai

toilettas
....
maišelis skalbiniams

kruk
....
taburetė

weegschaal
....
svarstyklės

badjas
....
chalatas

latex handschoenen
....
guminės pirštinės

tampon
....
tamponas

maandverband
....
higieninis įklotas

chemisch toilet
....
biotualetas

kinderkamer
vaiko kambarys

wekker
žadintuvas
knuffel
pliušinis žaislas
speelgoedauto
žaislinė mašinėlė
rammelaar
barškutis
poppenhuis
lėlės namelis
geschenk
dovana

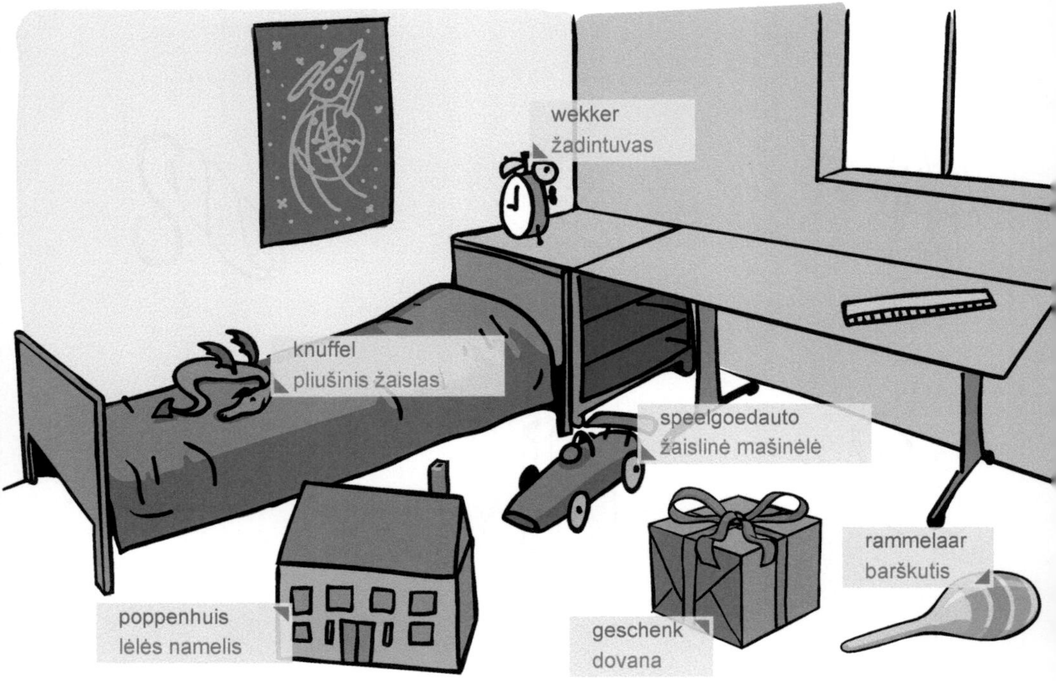

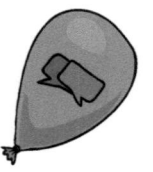

ballon

balionas

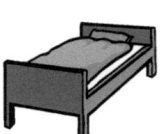

bed

lova

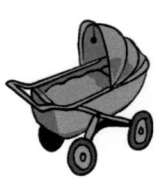

kinderwagen

vaikiškas vežimėlis

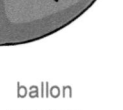

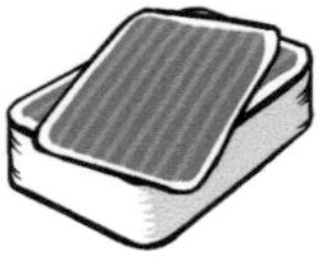

spel kaarten

kortų malka

puzzel

delionė

SUPER
MEGA

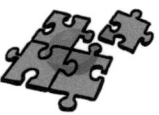

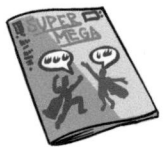

stripboek

komiksai

legoblokjes

lego kaladėlės

blokken

žaislinės kaladėlės

actiefiguur

figūrėlė

kruippakje

šliaužtinukai

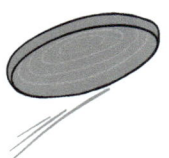

frisbee

mėtymo lėkštė

mobiel

karuselė

bordspel

stalo žaidimas

dobbelsteen

kauliukai

modelspoorweg

žaislinis traukinys

fopspeen

žindukas

feest

vakarėlis

prentenboek

paveiksliukų knygelė

bal

kamuolys

pop

lėlė

spelen

žaisti

zandbak

smėlio dėžė

schommel

sūpynės

speelgoed

žaislai

spelconsole

žaidimų konsolė

driewieler

triratukas

knuffelbeer

meškiukas

kleerkast

drabužių spinta

kleding

drabužis

sokken

kojinės

kousen

kojinės virš kelių

maillot

pėdkelnės

sjaal
šalikas

paraplu
skėtis

riem
diržas

T-shirt
marškinėliai

laarzen
ilgaauliai batai

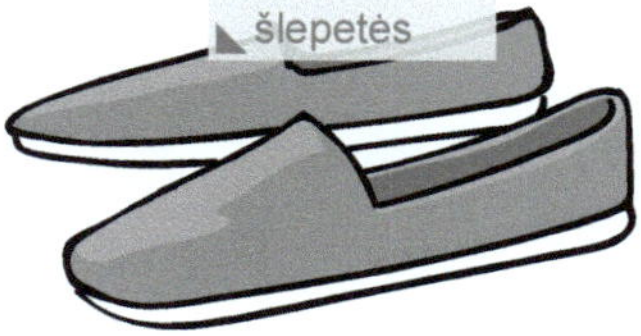

slippers
šlepetės

sneakers
sportbačiai

sandalen
....
sandalai

schoenen
....
batai

rubberlaarzen
....
guminiai batai

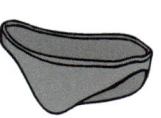

onderbroek
....
trumpikės

beha
....
liemenėlė

onderhemd
....
liemenė

lichaam

glaustinukė

broek

kelnės

jeans

džinsai

rok

sijonas

blouse

palaidinė

hemd

marškiniai

trui

megztinis

capuchontrui

megztinis su gobtuvu

blazer

švarkelis

jas

švarkas

jas

paltas

regenjas

lietpaltis

kostuum

kostiumas

jurk

suknelė

trouwjurk

vestuvinė suknelė

pak
....
kostiumas

nachthemd
....
naktiniai marškiniai

pyjama
....
pižama

sari
....
saris

hoofddoek
....
skarelė

tulband
....
tiurbanas

boerka
....
burka

kaftan
....
kaftanas

abaya
....
abaja

badpak
....
maudymosi kostiumėlis

zwembroek
....
glaudės

short
....
šortai

trainingspak
....
sportinis kostiumas

schort
....
prijuostė

handschoenen
....
pirštinės

knoop

saga

bril

akiniai

armband

apyrankė

ketting

vėrinys

ring

žiedas

oorbel

auskaras

pet

kepurė

kapstok

pakabas

hoed

skrybėlė

das

kaklaraištis

rits

užtrauktukas

helm

šalmas

bretellen

breketai

schooluniform

mokyklinė uniforma

uniform

uniforma

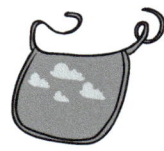

slabbetje

seilinukas

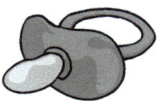

fopspeen

žindukas

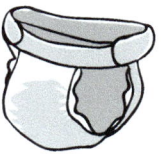

luier

vystyklai

kantoor
biuras

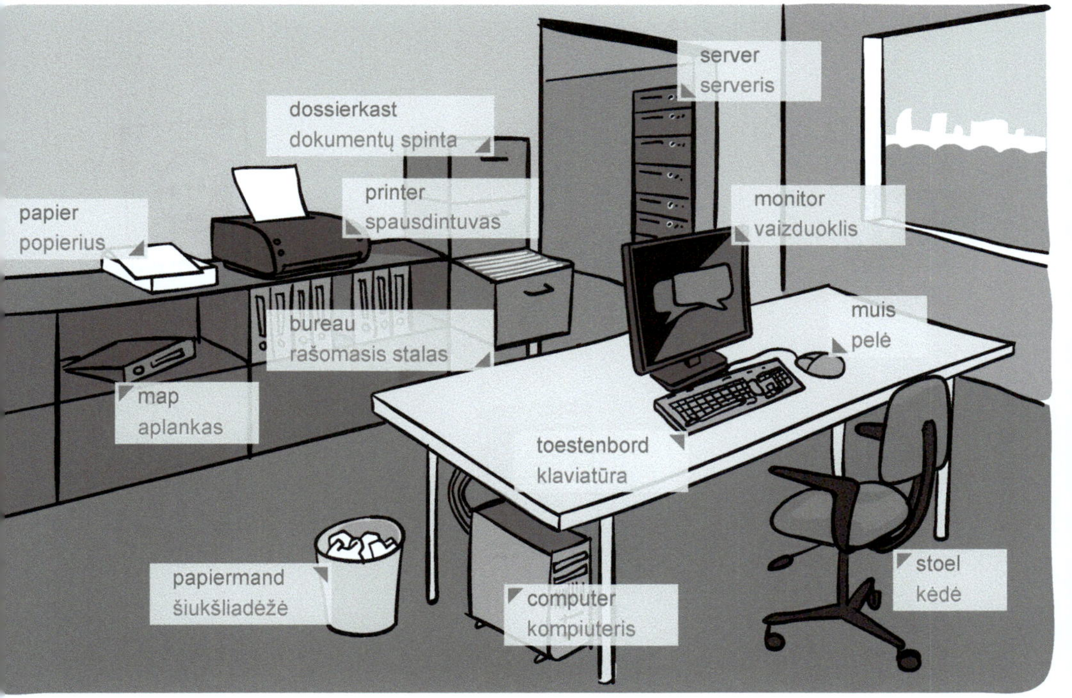
server
serveris
dossierkast
dokumentų spinta
printer
spausdintuvas
papier
popierius
monitor
vaizduoklis
bureau
rašomasis stalas
muis
pelė
map
aplankas
toestenbord
klaviatūra
papiermand
šiukšliadėžė
computer
kompiuteris
stoel
kėdė

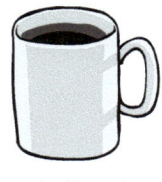

koffiemok

kavos puodelis

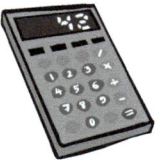

rekenmachine

kalkuliatorius

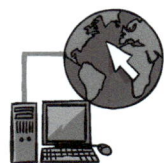

internet

internetas

laptop

nešiojamasis kompiuteris

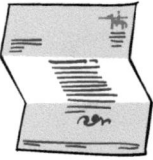

brief

laiškas

bericht

žinutė

gsm

mobilusis telefonas

netwerk

tinklas

kopieerapparaat

fotokopijavimo aparatas

software

programinė įranga

telefoon

telefonas

stopcontact

kištukinis lizdas

fax

faksas

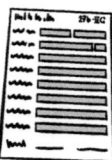

formulier

forma

document

dokumentas

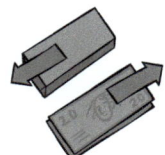

kopen

pirkti

betalen

mokėti

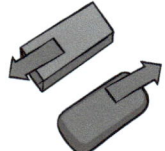

handelen

prekiauti

geld

pinigai

dollar

doleris

euro

euras

yen

jena

roebel

rublis

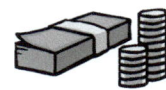

Zwitserse frank

Šveicarijos frankas

Chinese renminbi

juanis

roepie

rupija

geldautomaat

bankomatas

wisselkantoor

valiutos keitykla

goud

auksas

zilver

sidabras

olie

nafta

energie

energija

prijs

kaina

contract

sutartis

belasting

mokestis

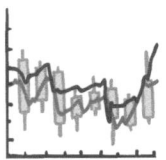

aandeel

akcijos

werken

dirbti

werknemer

darbuotojas

werkgever

darbdavys

fabriek

gamykla

winkel

parduotuvė

beroepen
profesijos

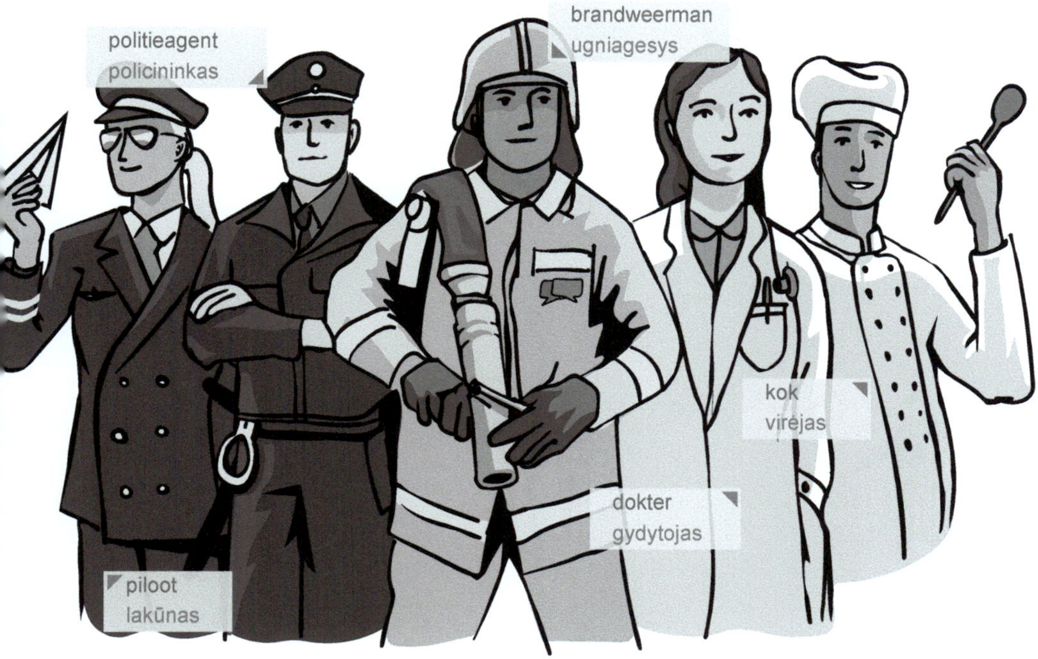
politieagent
policininkas
brandweerman
ugniagesys
kok
virėjas
dokter
gydytojas
piloot
lakūnas

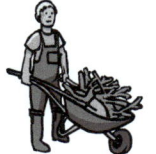

tuinman

sodininkas

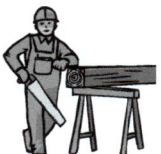

timmerman

stalius

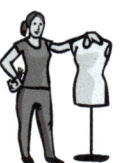

naaister

siuvėja

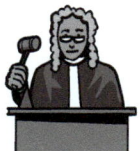

rechter

teisėjas

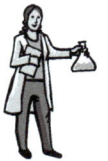

chemicus

chemikas

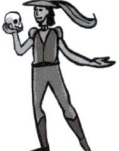

acteur

aktorius

buschauffeur

autobuso vairuotojas

taxichauffeur

taksi vairuotojas

visser

žvejys

schoonmaakster

valytoja

dakdekker

stogdengys

ober

padavėjas

jager

medžiotojas

schilder

dailininkas

bakker

kepėjas

elektricien

elektrikas

bouwvakker

statybininkas

ingenieur

inžinierius

slager

mėsininkas

loodgieter

santechnikas

postbode

paštininkas

beroepen - profesijos

soldaat

kareivis

architect

architektas

kassier

kasininkas

bloemist

gėlininkas

kapper

kirpėjas

conducteur

konduktorius

mecanicien

mechanikas

kapitein

kapitonas

tandarts

odontologas

wetenschapper

mokslininkas

rabbijn

rabinas

imam

imamas

monnik

vienuolis

geestelijke

kunigas

werktuigen
įrankiai

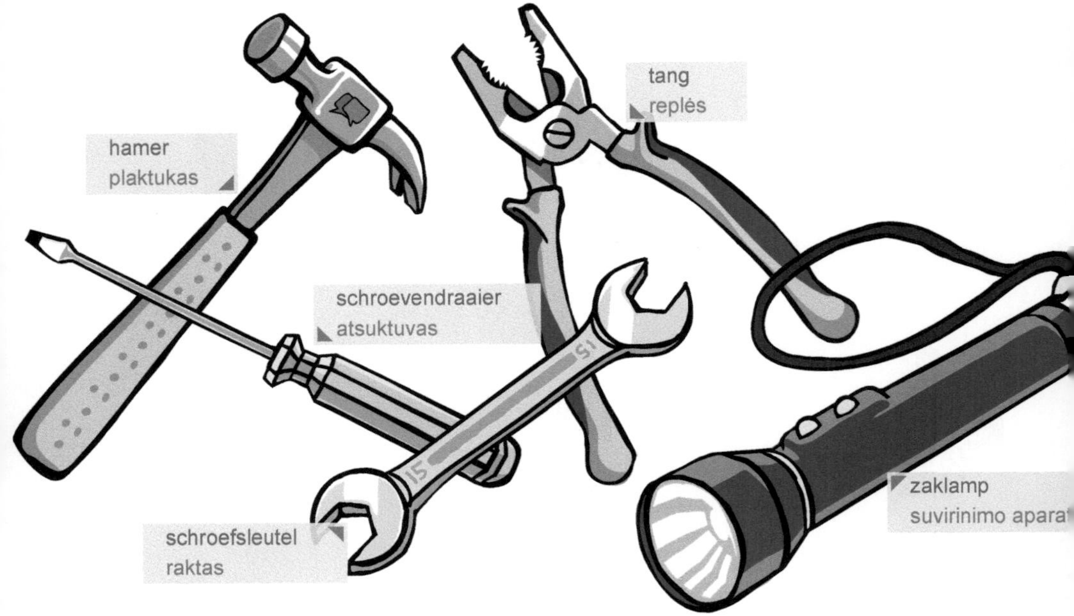
hamer
plaktukas
tang
replės
schroevendraaier
atsuktuvas
schroefsleutel
raktas
zaklamp
suvirinimo apara

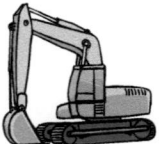

graafmachine

ekskavatorius

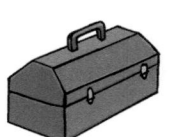

gereedschapskoffer

įrankių dėžė

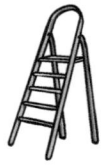

ladder

kopėčios

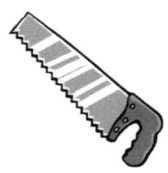

zaag

pjūklas

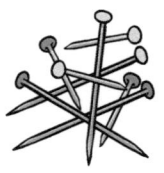

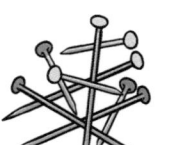

spijkers

vinys

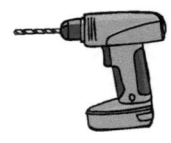

boormachine

grąžtas

repareren

taisyti

schop

kastuvas

Verdomme!

Velniava!

blik

semtuvėlis

verfpot

dažų skardinė

schroeven

varžtai

muziekinstrumenten
muzikos instrumentai

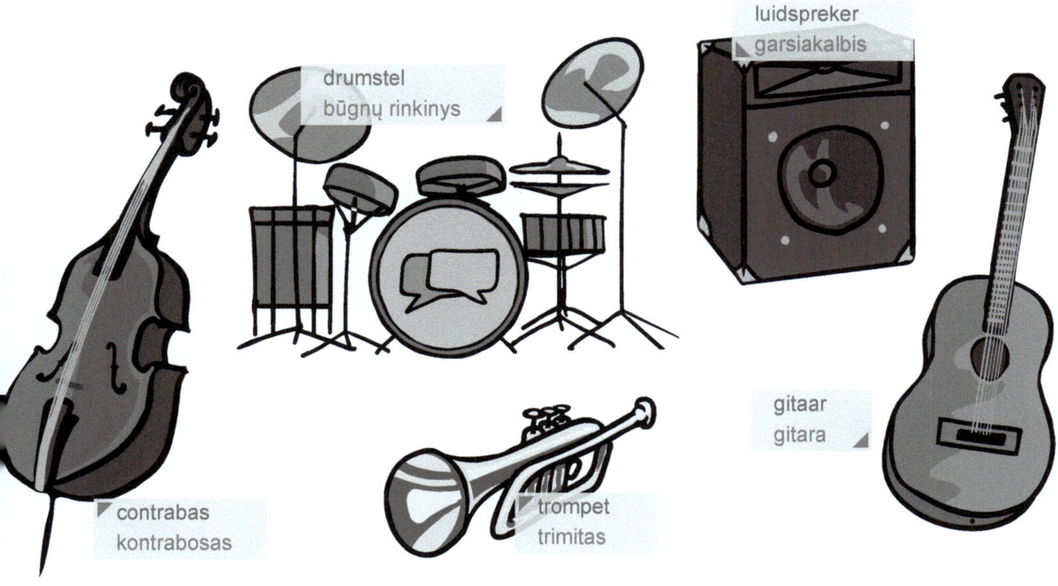

drumstel
būgnų rinkinys

luidspreker
garsiakalbis

gitaar
gitara

contrabas
kontrabosas

trompet
trimitas

piano

pianinas

viool

smuikas

basgitaar

bosinė gitara

pauk

timpanas

trommels

būgnai

keyboard

sintezatorius

saxofoon

saksofonas

fluit

fleita

microfoon

mikrofonas

zoo

zoologijos sodas

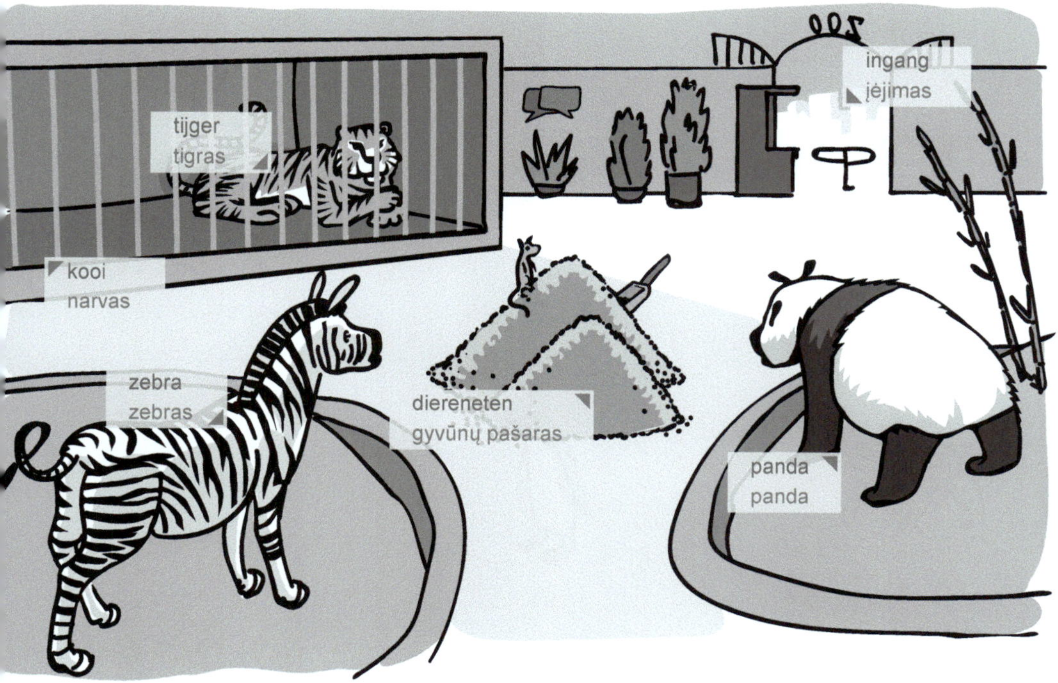

zoo
ingang
įėjimas
tijger
tigras
kooi
narvas
zebra
zebras
diereneten
gyvūnų pašaras
panda
panda

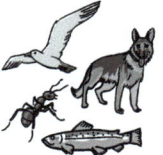

dieren
gyvūnai

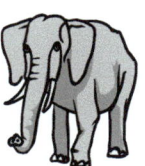

olifant
dramblys

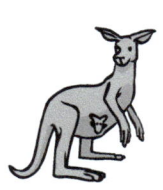

kangoeroe
kengūra

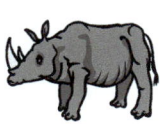

neushoorn
raganosis

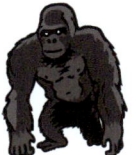

gorilla
gorila

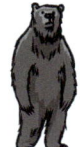

beer
meška

kameel

kupranugaris

struisvogel

strutis

leeuw

liūtas

aap

beždžionė

flamingo

flamingas

papegaai

papūga

ijsbeer

baltoji meška

pinguïn

pingvinas

haai

ryklys

pauw

povas

slang

gyvatė

krokodil

krokodilas

dierenverzorger

zoologijos sodo prižiūrėtojas

zeehond

ruonis

jaguar

jaguaras

zoo - zoologijos sodas

pony

ponis

luipaard

leopardas

nijlpaard

begemotas

giraffe

žirafa

adelaar

erelis

wild zwijn

šernas

vis

žuvis

zeeschildpad

vėžlys

walrus

vėplys

vos

lapė

gazelle

gazelė

rugby
amerikietiškas futbolas

wielrennen
dviračių sportas

tennis
tenisas

basketbal
krepšinis

zwemmen
plaukimas

boksen
boksas

ijshockey
ledo ritulys

voetbal

futbolas

badminton

badmintonas

atletiek

atletika

handbal

rankinis

skiën

slidinėjimas

polo

polas

springen
šokinėti

lachen
juoktis

knuffelen
apkabinti

wandelen
vaikščioti

zingen
dainuoti

dromen
svajoti

bidden
melstis

kussen
bučiuoti

schrijven
rašyti

tekenen
piešti

tonen
rodyti

duwen
stumti

geven
duoti

nemen
imti

hebben

turėti

doen

daryti

zijn

būti

staan

stovėti

lopen

bėgti

trekken

traukti

gooien

mesti

vallen

kristi

liggen

meluoti

wachten

laukti

dragen

nešti

zitten

sėdėti

aankleden

rengtis

slapen

miegoti

ontwaken

pabusti

kijken naar

žiūrėti

wenen

verkti

aaien

glostyti

kammen

šukuoti

praten

kalbėti

begrijpen

suprasti

vragen

paklausti

luisteren

klausytis

drinken

gerti

eten

valgyti

opruimen

tvarkytis

houden van

mylėti

koken

gaminti

rijden

vairuoti

vliegen

skristi

zeilen

buriuoti

rekenen

skaičiuoti

Lezen

skaityti

leren

mokytis

werken

dirbti

trouwen

vesti

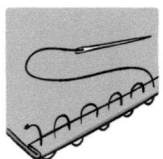

naaien

siūti

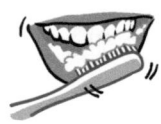

tandenpoetsen

valytis dantis

doden

žudyti

roken

rūkyti

sturen

siųsti

grootmoeder
senelė

grootvader
senelis

vader
tėvas

moeder
motina

baby
kūdikis

dochter
dukra

zoon
sūnus

gast
svečias

tante
teta

oom
dėdė

broer
brolis

zus
sesuo

lichaam
kūnas

voorhoofd
kakta
oog
akis
schouder
petys
vinger
pirštas
gezicht
veidas
kin
smakras
hand
plaštaka
been
koja
borst
krūtinė
arm
ranka

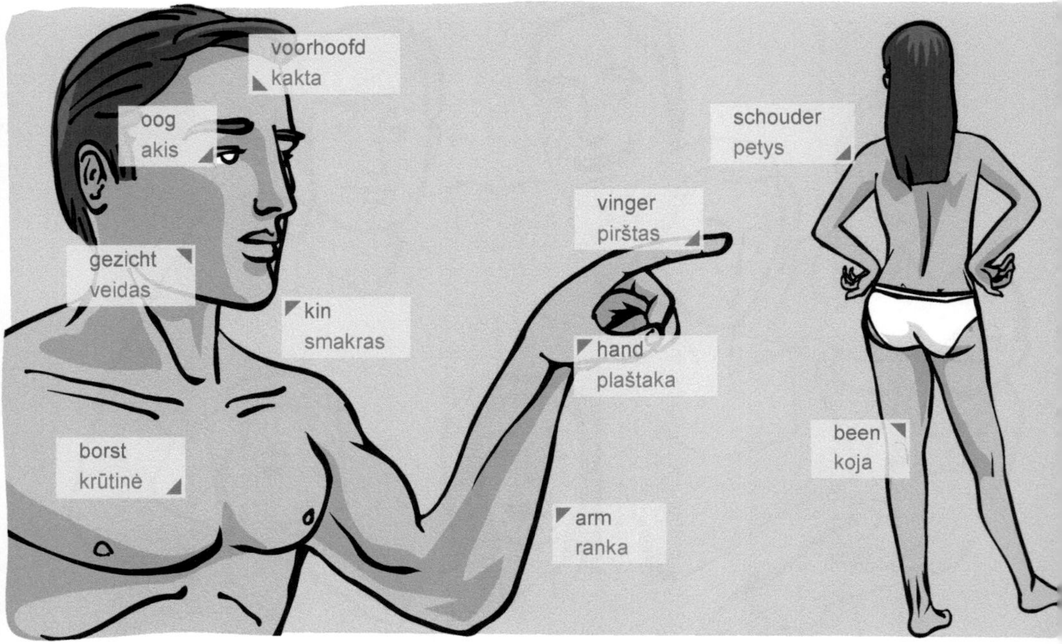

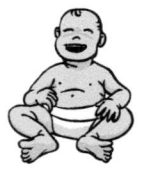

baby
kūdikis

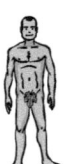

man
vyras

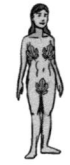

vrouw
moteris

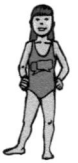

meisje
mergaitė

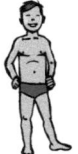

jongen
berniukas

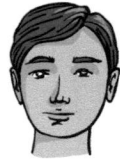

hoofd
galva

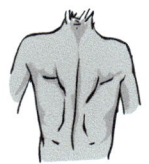

rug
....
nugara

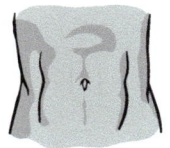

buik
....
pilvas

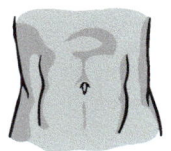

navel
....
bamba

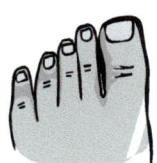

teen
....
kojos pirštas

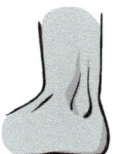

hiel
....
kulnas

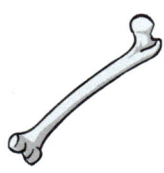

bot
....
kaulas

heup
....
klubas

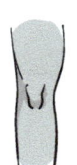

knie
....
kelis

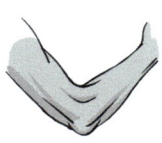

elleboog
....
alkūnė

neus
....
nosis

zitvlak
....
sėdmenys

huid
....
oda

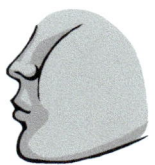

wang
....
skruostas

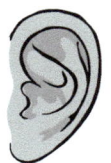

oor
....
ausis

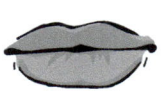

lip
....
lūpa

mond
....
burna

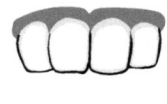

tand
....
dantis

tong
....
liežuvis

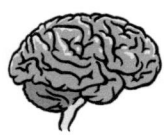

hersenen
....
smegenys

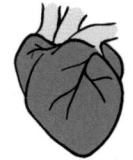

hart
....
širdis

spier
....
raumuo

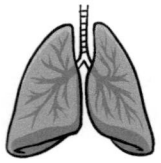

long
....
plaučiai

lever
....
kepenys

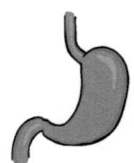

maag
....
skrandis

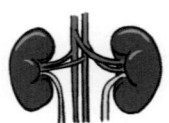

nieren
....
inkstai

seks
....
seksas

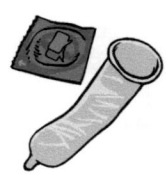

condoom
....
prezervatyvas

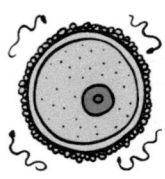

eicel
....
kiaušialąstė

sperma
....
sperma

zwangerschap
....
nėštumas

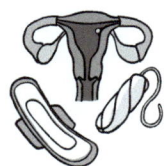

menstruatie

menstruacijos

vagina

makštis

penis

varpa

wenkbrauw

antakis

haar

plaukai

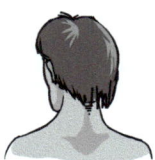

nek

kaklas

ziekenhuis
ligoninė

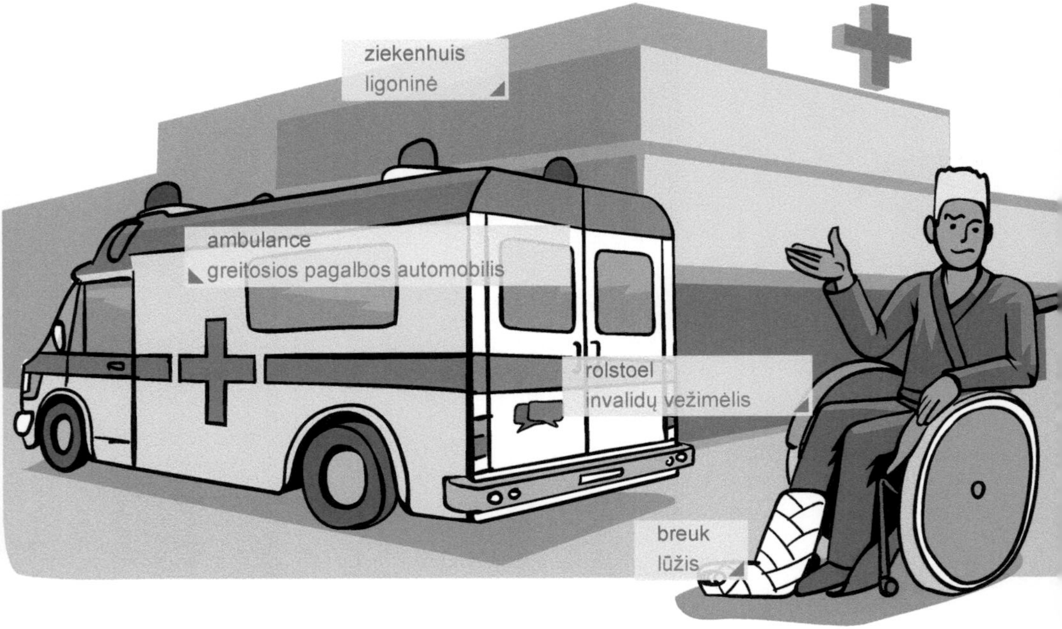

ziekenhuis
ligoninė
ambulance
greitosios pagalbos automobilis
rolstoel
invalidų vežimėlis
breuk
lūžis

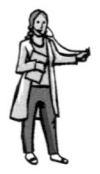

dokter
gydytojas

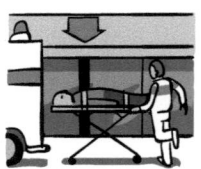

spoed
skubios pagalbos skyrius

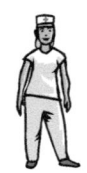

verpleegkundige
slaugytoja

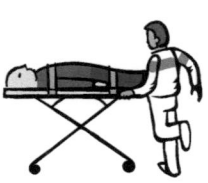

noodgeval
nelaimingas atsitikimas

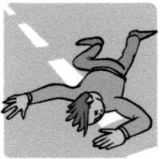

bewusteloos
be sąmonės

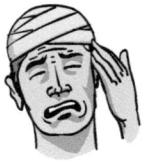

pijn
skausmas

verwonding

sužalojimas

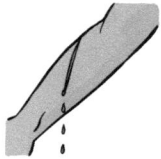

bloeding

kraujavimas

hartaanval

širdies smūgis

beroerte

insultas

allergie

alergija

hoest

kosulys

koorts

karščiavimas

griep

gripas

diarree

viduriavimas

hoofdpijn

galvos skausmas

kanker

vėžys

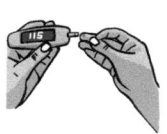

diabetes

diabetas

chirurg

chirurgas

scalpel

skalpelis

operatie

operacija

CT
KT

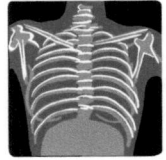

röntgenstraal
rentgenas

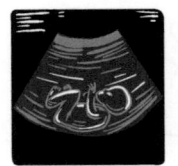

ultrageluid
ultragarsas

gezichtsmasker
veido kaukė

ziekte
liga

wachtkamer
laukiamasis

kruk
ramentas

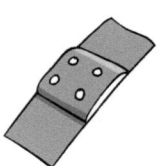

pleister
gipsas

verband
tvarstis

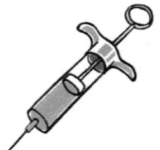

injectie
injekcija

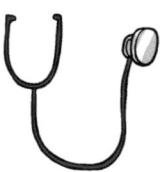

stethoscoop
stetoskopas

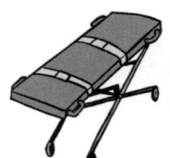

brancard
neštuvai

thermometer
termometras

geboorte
gimimas

overgewicht
antsvoris

hoorapparaat

klausos aparatas

ontsmettingsmiddel

dezinfekavimo priemonė

infectie

infekcija

virus

virusas

HIV / AIDS

ŽIV / AIDS

medicijn

vaistas

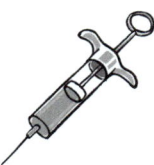

vaccinatie

skiepijimas

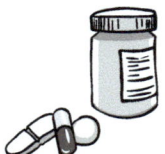

tabletten

tabletės

pil

piliulė

noodoproep

skubios pagalbos numeris

bloeddrukmeter

kraujospūdžio matuoklis

ziek / gezond

ligotas / sveikas

Help!

Padėkite!

overval

užpuolimas

alarm

pavojaus signalas

aanval

ataka

gevaar

pavojus

nooduitgang

avarinis išėjimas

brandblusser

gesintuvas

Brand!

Gaisras!

ongeval

nelaimingas atsitikimas

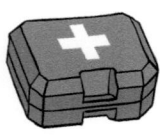

EHBO-kit

pirmosios pagalbos rinkinys

SOS

SOS

politie

policija

Europa

Europa

Noord-Amerika

Šiaurės Amerika

Zuid-Amerika

Pietų Amerika

Afrika

Afrika

Azië

Azija

Australië

Australija

Atlantische Oceaan

Atlanto vandenynas

Stille Oceaan

Ramusis vandenynas

Indische Oceaan

Indijos vandenynas

Antarctische Oceaan

Pietų vandenynas

Arctische Oceaan

Arkties vandenynas

Noordpool

Šiaurės ašigalis

Zuidpool

Pietų ašigalis

Antarctica

Antarktida

aarde

Žemė

land

sausuma

zee

jūra

eiland

sala

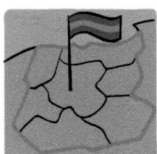

natie

tauta

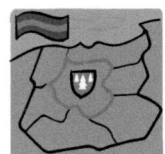

staat

valstybė

wijzerplaat

ciferblatas

uurwijzer

valandinė rodyklė

minuutwijzer

minutinė rodyklė

secondewijzer

sekundinė rodyklė

Hoe laat is het?

Kiek valandų?

dag

diena

tijd

laikas

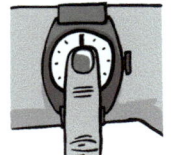

nu

dabar

digitale horloge

skaitmeninis laikrodis

minuut

minutė

uur

valanda

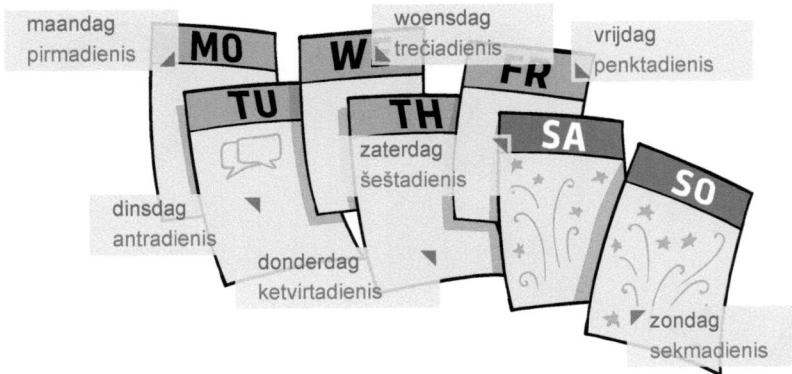

maandag / pirmadienis

woensdag / trečiadienis

vrijdag / penktadienis

dinsdag / antradienis

zaterdag / šeštadienis

donderdag / ketvirtadienis

zondag / sekmadienis

gisteren
vakar

vandaag
šiandien

morgen
rytoj

ochtend
rytas

middag
vidurdienis

avond
vakaras

MO	TU	WE	TH	FR	SA	SU
1	2	3	4	5	6	7
8	9	10	11	12	13	14
15	16	17	18	19	20	21
22	23	24	25	26	27	28
29	30	31	1	2	3	4

werkdagen
darbo dienos

MO	TU	WE	TH	FR	SA	SU
1	2	3	4	5	6	7
8	9	10	11	12	13	14
15	16	17	18	19	20	21
22	23	24	25	26	27	28
29	30	31	1	2	3	4

weekend
savaitgalis

regen
lietus

regenboog
vaivorykštė

wind
vėjas

sneeuw
sniegas

lente
pavasaris

herfst
ruduo

zomer
vasara

winter
žiema

4.APRIL	11°	☀
5.APRIL	4°	☁
6.APRIL	13°	🌧
7.APRIL	8°	❄
8.APRIL	10°	☀

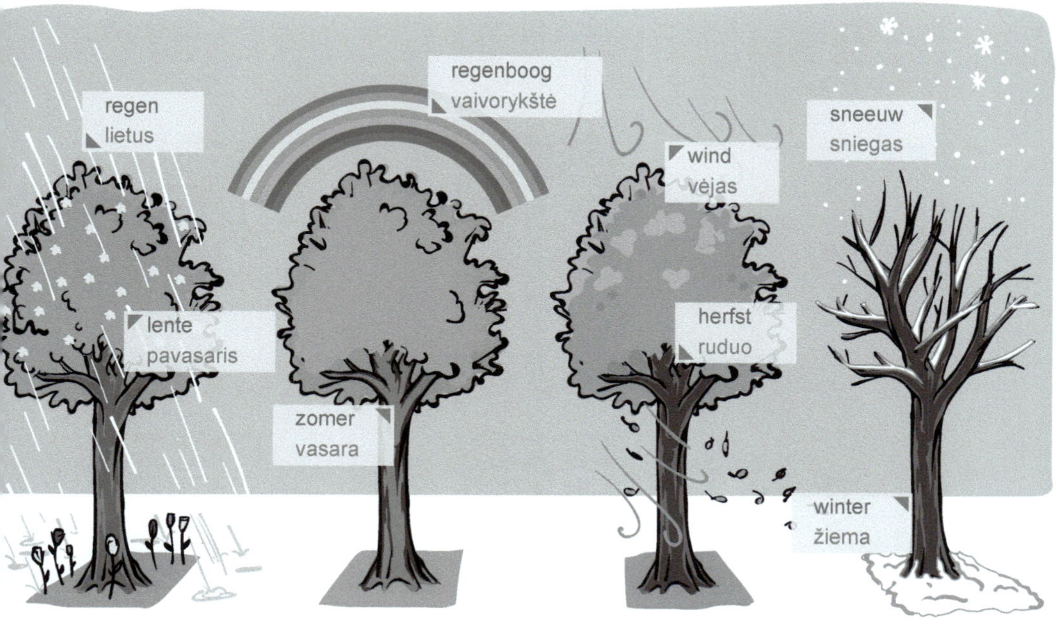

weervoorspelling

orų prognozė

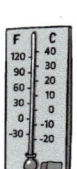

thermometer

lauko termometras

zonneschijn

saulės šviesa

wolk

debesis

mist

rūkas

vochtigheid

drėgmė

bliksem

žaibas

donder

griaustinis

storm

audra

hagel

kruša

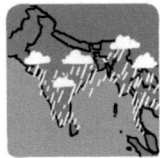

moesson

musonas

overstroming

potvynis

ijs

ledas

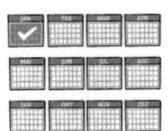

januari

sausis

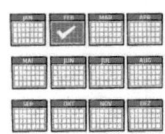

februari

vasaris

maart

kovas

april

balandis

mei

gegužė

juni

birželis

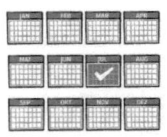

juli

liepa

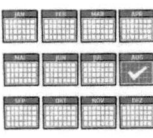

augustus

rugpjūtis

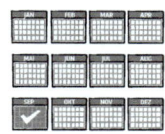

september
....
rugsėjis

oktober
....
spalis

november
....
lapkritis

december
....
gruodis

vormen

formos

cirkel
....
apskritimas

kwadraat
....
kvadratas

rechthoek
....
stačiakampis

driehoek
....
trikampis

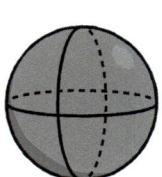

bol
....
sfera

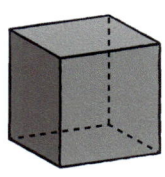

kubus
....
kubas

kleuren

spalvos

wit

balta

geel

geltona

oranje

oranžinė

roze

rožinė

rood

raudona

paars

violetinė

blauw

mėlyna

groen

žalia

bruin

ruda

grijs

pilka

zwart

juoda

veel / weinig

daug / mažai

boos / kalm

piktas / ramus

mooi / lelijk

gražus / bjaurus

begin / einde

pradžia / pabaiga

groot / klein

didelis / mažas

licht / donker

šviesus / tamsus

broer / zus

brolis / sesuo

proper / vuil

švarus / purvinas

volledig / onvolledig

užbaigtas / neužbaigtas

dag / nacht

diena / naktis

dood / levend

miręs / gyvas

breed / smal

platus / siauras

eetbaar / oneetbaar

valgomas / nevalgomas

kwaadaardig / vriendelijk

piktas / malonus

opgewonden / verveeld

linksmas / nuobodus

dik / dun

storas / plonas

eerst / laatst

pirmiausia / paskiausia

vriend / vijand

draugas / priešas

vol / leeg

pilnas / tuščias

hard / zacht

kietas / minkštas

zwaar / licht

sunkus / lengvas

honger / dorst

alkis / troškulys

ziek / gezond

ligotas / sveikas

illegaal / legaal

nelegalus / legalus

intelligent / dom

protingas / kvailas

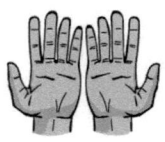

links / rechts

kairė / dešinė

dichtbij / veraf

arti / toli

nieuw / gebruikt

naujas / naudotas

niets / iets

niekas / kažkas

oud / jong

senas / jaunas

aan / uit

jjungta / išjungta

open / dicht

atidaryta / uždaryta

stil / luid

tylus / garsus

rijk / arm

turtingas / vargšas

juist / fout

teisus / neteisus

ruw / glad

šiurkštus / švelnus

droevig / blij

liūdnas / laimingas

kort / lang

trumpas / ilgas

traag / snel

lėtas / greitas

nat / droog

drėgnas / sausas

warm / koud

šiltas / šaltas

oorlog / vrede

karas / taika

0	**1**	**2**
nul	één	twee
nulis	vienas	du

3	**4**	**5**
drie	vier	vijf
trys	keturi	penki

6	**7**	**8**
zes	zeven	acht
šeši	septyni	aštuoni

9	**10**	**11**
negen	tien	elf
devyni	dešimt	vienuolika

12

twaalf

dvylika

13

dertien

trylika

14

veertien

keturiolika

15

vijftien

penkiolika

16

zestien

šešiolika

17

zeventien

septyniolika

18

achtien

aštuoniolika

19

negentien

devyniolika

20

twintig

dvidešimt

100

honderd

šimtas

1.000

duizend

tūkstantis

1.000.000

miljoen

milijonas

cijfers - skaičiai

Engels

anglų

Amerikaans Engels

amerikiečių anglų

Chinees (Mandarijn)

kinų (mandarinų)

Hindi

hindi

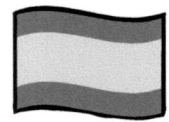

Spaans

ispanų

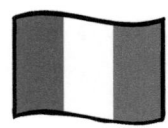

Frans

prancūzų

Arabisch

arabų

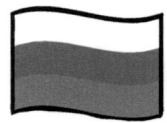

Russisch

rusų

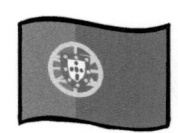

Portugees

portugalų

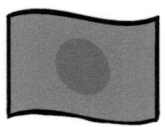

Bengali

bengalų

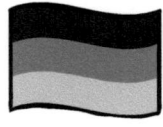

Duits

vokiečių

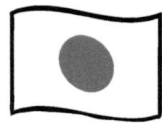

Japans

japonų

ik

aš

u

tu

hij / zij / het

jis / ji

wij

mes

u

jūs

ze

jie

wie?

kas?

wat?

ką?

hoe?

kaip?

waar?

kur?

wanneer?

kada?

naam

vardas

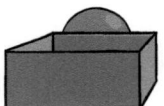

achter

už

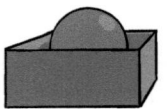

in

kur (vieta)

voor

priešais

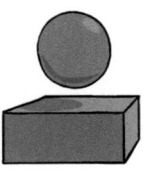

boven

virš

op

ant

onder

po

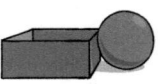

naast

prie

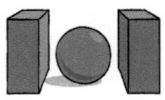

tussen

tarp

plaats

vieta